BEI GRIN MACHT SICH
WISSEN BEZAHLT

- Wir veröffentlichen Ihre Hausarbeit,
  Bachelor- und Masterarbeit

- Ihr eigenes eBook und Buch -
  weltweit in allen wichtigen Shops

- Verdienen Sie an jedem Verkauf

Jetzt bei www.GRIN.com hochladen
und kostenlos publizieren

Bibliografische Information der Deutschen Nationalbibliothek:

Die Deutsche Bibliothek verzeichnet diese Publikation in der Deutschen National-
bibliografie; detaillierte bibliografische Daten sind im Internet über http://dnb.d-
nb.de/ abrufbar.

Impressum:

Copyright © 2017 GRIN Verlag, Open Publishing GmbH
Druck und Bindung: Books on Demand GmbH, Norderstedt Germany
ISBN: 9783668402010

Dieses Buch bei GRIN:

http://www.grin.com/de/e-book/354010/gesundheitsorientiertes-ausdauertraining-
einsendeaufgabe-trainingslehre

Lena Vöge

Gesundheitsorientiertes Ausdauertraining. Einsendeaufgabe Trainingslehre

GRIN Verlag

GRIN - Your knowledge has value

Der GRIN Verlag publiziert seit 1998 wissenschaftliche Arbeiten von Studenten, Hochschullehrern und anderen Akademikern als eBook und gedrucktes Buch. Die Verlagswebsite www.grin.com ist die ideale Plattform zur Veröffentlichung von Hausarbeiten, Abschlussarbeiten, wissenschaftlichen Aufsätzen, Dissertationen und Fachbüchern.

Besuchen Sie uns im Internet:

http://www.grin.com/

http://www.facebook.com/grincom

http://www.twitter.com/grin_com

Deutsche Hochschule für
Prävention und Gesundheitsmanagement
Hermann Neuberger Sportschule 3
66123 Saarbrücken

Einsendeaufgabe

Fachmodul:　　　Trainingslehre 2

Studiengang:　　Fitnessökonomie

Datum
Präsenzphase:　　12.12.-14.12.2016

Name, Vorname:　Vöge, Lena

Studienort:　　　**Hamburg**

Semester:　　　　**WS 2015**

Inhaltsverzeichnis

1 Diagnose

Im Folgenden werde ich die Trainingsplanung für das Ausdauertraining einer beliebigen Person erstellen. Es handelt sich hierbei um die fiktive Person Herrn A. Zunächst wird der Kunde kurz vorgestellt, anschließend der ausgewählte Ausdauertest beschrieben und sein Gesundheits- und Leistungsstand bewertet.

1.1 Allgemeine und biometrische Daten

Die nachfolgenden Tabellen Tab.1 und Tab. 2 zeigen die allgemeinen sowie die biometrischen Daten des Kunden A. auf.

Tab. 1: Allgemeine Personendaten des Kunden A. (eigene Darstellung, 2016)

Allgemeine Personendaten des Kunden A.	
Alter	40 Jahre
Geschlecht	männlich
Körpergröße	175 cm
Körpergewicht	81 kg
Trainingsmotive	Verbesserung der allgemeinen Fitness Gewichtsreduktion „Etwas für die Gesundheit tun"
Berufliche Tätigkeit	Versicherungskaufmann
Aktuelle sportliche Tätigkeiten	gelegentliches Fahrrad fahren (Outdoor)
Trainingsumfang	1x pro Woche, ca. 30 Minuten pro Einheit, Voraussetzung: gutes Wetter, ansonsten keine sportlichen Tätigkeiten
Leistungsstufe	Beginner
Frühere sportliche Tätigkeiten	keine
Zeitlicher Verfügungsrahmen	3 – 4x pro Woche zu je 60-90 Minuten

3

Tab.2: Biometrische Daten des Kunden A. (eigene Darstellung, 2016)

Biometrische Daten des Kunden A.	
Blutdruck	149/96 mmHg
Ruhepuls	75 S/min.
Body-Mass-Index	26,4 kg/m^2
Orthopädische Probleme	Keine
Biometrische Daten des Kunden A.	
Internistische Probleme	Keine
Ärztliche Behandlung	ja, Arzt diagnostizierte erhöhten Blutdruck
Einnahme von Medikamenten	Keine
Sonstige gesundheitliche Einschränkungen	keine

Wie den obenstehenden Tabellen zu entnehmen ist, handelt es sich bei der Person um einen 40-jährigen Mann, welcher als Versicherungskaufmann im Büro einer hauptsächlich sitzenden Tätigkeit nachgeht. Sportliche Aktivitäten spielen für den Kunden keine große Rolle. Er fährt lediglich einmal in der Woche draußen Fahrrad, wenn das Wetter es zulässt. Auch zu früheren Zeiten trieb Herr A. keinen Sport. Mit dem Training möchte er sein Körpergewicht reduzieren und seine Fitness verbessern. Hierfür hat er 3-4 Mal in der Woche Zeit, wobei eine Einheit nicht länger als 90 Minuten andauern sollte.

Tab.3.: Klassifizierung der BMI-Werte (modifiziert nach der WHO, 2000, S.9)

Klassifizierung	BMI (kg/m²)	Unterteilungen
Untergewicht	>16	Starkes Untergewicht
	16-17	Mäßiges Untergewicht
	17-18,5	Leichtes Untergewicht
Normalgewicht	18,5-24,9	Normalgewicht
Übergewicht	25-29,9	Präadipositas
Adipositas	30-34,9	Adipositas Grad 1
	35-39,9	Adipositas Grad 2
	>/= 40	Adipositas Grad 3

4

Der Body-Maß-Index, welcher das Körpergewicht in Kilogramm mit der Körpergröße in Metern ins Verhältnis setzt, liegt in dem Fall bei 26,4 kg/m². Damit ist dieser laut Einteilung der WHO im Bereich der Präadipositas (vgl. Tab.3).

Tab. 4: Blutdruckklassifikation der American Heart Association

Bewertungsstufen	Systolischer Blutdruck	Diastolischer Blutdruck
Normblutdruck		
Optimal	Unter 120 mmHg	Unter 80mmHg
normal	Unter 130 mmHg	Unter 85mmHg
hochnormal	130-139 mmHg	85-89 mmHg
Bluthochdruck (arterielle Hypertonie)		
Stufe 1	140-159 mmHg	90-99 mmHg
Stufe 2	160-179 mmHg	100-109 mmHg
Stufe 3	>180mmHg	>110mmHg

Bei seinem letzten Arztbesuch wurde ein Blutdruck von 149mmHg/96mmHg gemessen. Anhand der Tab.4 lässt sich erkennen, dass es sich hierbei um eine Hypertonie Stufe 1 handelt. Auf Anraten des Arztes sollte der Kunde mit einem Ausdauertraining beginnen, um so den Blutdruck zu senken. Hierbei äußerte der Arzt keinerlei Bedenken bezüglich eines Ausdauertestes und des Trainings, solange die Herzfrequenz nicht im maximalen Bereich liegt. An dieser Stelle sollte erwähnt sein, dass eine Hypertonie zu den Kontraindikationen eines Ausdauertests gehört und deswegen zunächst ärztlich abgesichert werden sollte. Seine Ruheherzfrequenz liegt mit 75 Schlägen pro Minute innerhalb der Norm zwischen 60-80 Schlägen.Sonstige gesundheitliche Einschränkungen, internistische oder orthopädische Probleme liegen nicht vor. Außerdem nimmt der Kunde keine Medikamente ein.

1.2 Leistungsdiagnostik/Ausdauertestung

Für den Kunden A. ist ein IPN-Fahrradergometer-Ausdauertest vorgesehen.

Bevor dieser Ausdauertest durchgeführt wird, wird Herr A. hinsichtlich seiner Belastbarkeit voreingestuft. Bei der Voreinstufung spielen Alter, Geschlecht, Trainingszu-

stand und der Ruhepuls eine Rolle. Der Kunde A. ist 40 Jahre alt und die vorher dargestellten Personendaten zeigen auf, dass er in seiner Freizeit kaum Sport treibt (vgl.
Tab.1). Demnach kann er als untrainiert eingestuft werden. Sein Ruhepuls liegt bei 75
Schlägen in der Minute. Mithilfe dieser Voreinstufung wird nun die individuelle Zielherzfrequenz für den Kunden festgelegt. Wird diese Herzfrequenz erreicht, so ist der
Test beendet. Anhand den untenstehenden Tab.5 und Tab.6 wird nun eine Zielherzfrequenz von 135 Schlägen in der Minute ermittelt (Alter:40, HfRuhe:75, kein Ausdauertraining).

Tab.5: Voreinstufung nach Ruheherzfrequenz und Lebensalter (modifiziert nach Trunz, 2001; IPN, 2004, S.4)

Alter/ HfRuhe	>20	20-29	30-39	40-49	50-59	60-69	>70
>50 S/min	140 S/min	135 S/min	130 S/min	125 S/min	115 S/min	110 S/min	105 S/min
50-59 S/min	145 S/min	140 S/min	135 S/min	125 S/min	120 S/min	115 S/min	110 S/min
60-69 S/min	145 S/min	145 S/min	135 S/min	130 S/min	125 S/min	120 S/min	115 S/min
70-79 S/min	150 S/min	145 S/min	140 S/min	135 S/min	130 S/min	125 S/min	120 S/min
80-89 S/min	155 S/min	150 S/min	145 S/min	140 S/min	135 S/min	125 S/min	125 S/min
>90 S/min	160 S/min	155 S/min	150 S/min	145 S/min	135 S/min	130 S/min	125 S/min

Tab.6: Voreinstufung unter zusätzlicher Berücksichtigung der Trainingshäufigkeit ausdauerrelevanter Aktivitäten (modifiziert nach Trunz, 2001; IPN, 2004, S. 4)

Trainingszustand	Trainingshäufikeit/ Woche	Stunden/ Woche	Pulsaufschlag
kein Ausdauertraining	kein einziges Mal	0 Stunden	kein Aufschlag
wenig Ausdauertrai- ning	1-2-mal	>/= 1 Stunde	kein Aufschlag
moderates Ausdauer- training	2-3-mal	1-2 Stunden	plus 5 S/min
viel Ausdauertraining	3-4-mal	2-4 Stunden	plus 10 S/min
sehr viel Ausdauer- training	>4-mal	>/= Stunden	plus 15 S/min

Nachdem die Zielherzfrequenz ermittelt wurde, muss nun im nächsten Schritt das Belastungsschema, nach dem der Ergometertest durchgeführt werden soll, festgelegt werden. Anhand der vorher dargestellten allgemeinen und biometrischen Daten lässt sich ableiten, dass der Kunde A. zu den leistungsschwächeren Personen zählt. Aufgrund dessen wird er den Ausdauertest nach dem Belastungsschema der WHO durchführen. Die folgende Tabelle fasst noch einmal alle wichtigen Aspekte des Kunden zusammen.

Tab.7: Testrelevante Parameter der Kunden A. (eigene Darstellung, 2016)

Testrelevante Parameter des Kunden A.	
Geschlecht	Männlich
Alter	40 Jahre
Gewicht	81 kg
Größe	175 cm
Ruhepuls	75 S/min
Trainingszustand	Untrainiert
	(kaum/kein Sport, eher inaktiver Alltag)
Zielherzfrequenz (IPN)	135 S/min
Gründe für das WHO Belastungsschema	- erhöhter BMI
	- erhöhter Blutdruck
	→ Ausdauertest lt. Arzt i.O., allerdings nur im submaximalen Bereich
	- keine/ kaum Erfahrungen im Ausdauertraining

Bei dem ausgewählten Ausdauertest handelt es sich um einen submaximalen Fahrradergometerstufentest. Gestartet wird mit einer Belastung von 25 Watt. Die Stufendauer beträgt zwei Minuten. Nach den zwei Minuten wird die Belastung um 25 Watt erhöht. Die Trittfrequenz liegt während des gesamten Ergometertests zwischen 60 und 80 U/min. Ist die Zielherzfrequenz von 135 S/min erreicht, so ist der Test beendet. Die Wattzahl der zuletzt durchgefahrenen Belastungsstufe dient als Testgröße. Wird die Pulsobergrenze vor dem Ende der jeweiligen Stufe erreicht, so wird nur die Hälfte der Wattzahl angerechnet (zeitinterpoliert). Die erbrachte Leistung wird nun auf das Körpergewicht der Testperson bezogen (relative Wattleistung). Die erbrachte relative Wattleistung dient durch die vorhandenen alters- und geschlechtsbezogenen Normleistungswerten dem interindividuellen Leistungsvergleich (IPN, 2004, S.6-7)

7

Tab.8: Eingangstest mit dem Kunden A. auf dem Fahrradergometer (eigene Darstellung, 2016)

Eingangstest mit dem Kunden A. auf dem Fahrradergometer			
Zeit (in Min)	Watt	Herzfrequenz 1	Herzfrequenz 2
0-2	25	88	95
2-4	50	104	109
4-6	75	116	123
6-8	100	127	133
8-10	125	136	-
Watt gesamt	112,5		
Watt/Kg	1,39		

Aus der Tab.8 lässt sich entnehmen, dass die erbrachte Wattleistung von 1,39 des Kunden A. im unterdurchschnittlichen Bereich liegt. Die Ausdauerleistung des Kunden ist demnach unzureichend (vgl. Tab.9)

Tab.9: Ausschnitt der Normtabelle für submaximale Radergometertests – Relative Watt-Soll-Leistung (Watt pro kg) bei Männern (modifiziert nach IPN, 2004, S. 8)

Alter	>30	30-34	35-39	40-44	45-49	50-54	55-59	>60	Bewertung
	1,60	1,52	1,44	1,36	1,28	1,20	1,12	1,04	⊗ ⊗
	1,65	1,57	1,49	1,40	1,32	1,24	1,16	1,07	⊗ ⊗
	1,70	1,62	1,53	1,45	1,36	1,28	1,19	1,11	⊗
	...	...	...	...	...	...	...	...	...
	2,00	1,90	1,80	1,70	1,60	1,50	1,40	1,30	Ø
	2,20	2,09	1,98	1,87	1,76	1,65	1,54	1,43	Ø

1.3 Gesundheits- und Leistungsdiagnostik

Im Folgenden werde ich den Kunden A. hinsichtlich seines Gesundheits- und Leistungsstatus bewerten. Bereits bei der Datensammlung des Kunden wird ersichtlich, dass sein Gesundheitsstand nicht optimal ist. Sein BMI liegt im präadipösen Bereich, Bewegung und Sport spielen für ihn keine große Rolle. Nennenswert ist außerdem sein Blutdruck, welcher im Bereich der Hypertonie Stufe I einzuordnen ist. Handelt es sich bei dem Bluthochdruck um die Stufe I, so ist eine Sportausübung ohne Einschränkung mög-

8

lich (Hoffmann, 2001, S.20). Dennoch ließ der Kunde sich zuvor ärztlich untersuchen. Nach Durchführung dieser ärztlichen Untersuchung ist ein Ausdauertraining inklusive eines Ausdauertests möglich bzw. als Therapiemaßnahme empfehlenswert.

Die Durchführung des Ergometertests zeigte, dass der Leistungsstand des Kunden im unteren Bereich liegt. Die Parameter und der Ausdauertest lassen den Kunden als untrainiert bzw. als Beginner einordnen. Hinsichtlich der Belastbarkeit bzw. Trainierbarkeit wird das Training dementsprechend mit niedriger bis moderater Intensität geplant. Auf hohe Intensitäten sollte aufgrund des Gesundheits- und Leistungsstand der Person verzichtet werden.

2 Zielsetzung/Prognose

Die nachfolgenden Tabellen Tab.10, Tab.11, Tab.12 zeigen die abgeleiteten Zielsetzungen des Kunden A. auf.

Tab.10: Darstellung des Trainingsziel 1 (eigene Darstellung, 2016)

Trainingsziel 1		
Inhalt	Ausmaß	Zeit
Körpergewicht reduzieren	5 kg	12 Wochen

Da der BMI des Kunden im Bereich der Präadipositas liegt, wurde als erstes Trainingsziel ein gesundheitsbezogenes Ziel, die Körpergewichtsreduktion, formuliert. Das Ausmaß beträgt hierbei 5kg, damit der BMI im Normalbereich unter 25 kg/m² liegt. Damit der Kunde sein Ziel erreicht und motiviert bleibt, wurden zum Erreichen dieses Ziels 12 Wochen angesetzt. Gemessen wurde das Körpergewicht im Rahmen des Eingangsgespräches und nach den 12 Wochen mit einer Personenwaage.

Tab.11: Darstellung des Trainingsziel 2 (eigene Darstellung, 2016)

Trainingsziel 2		
Inhalt	Ausmaß	Zeit
Blutdruck senken	10 mmHg systolisch 7 mmHg diastolisch →Ziel: Hochnormaler Bereich	12 Wochen

9

Ein wichtiges Ziel ist den Blutdruck zu senken, sodass Herr A. den Bereich der Hypertonie Stufe 1 innerhalb von 12 Wochen verlässt und in den Hochnormalen Bereich gelangt. Auch hierbei handelt es sich um einen gesundheitsbezogenen Zielindikator. Da es sich bei dem Blutdruck um Hypertonie Stufe I handelt, wurden von dem Arzt keine medikamentöse Therapie angeordnet und ein Ausdauerprogramm als Therapiemaßnahme empfohlen (Ärztezeitung, 2005). Gemessen wurde der Blutdruck des Kunden zunächst bei seinem Arzt und innerhalb des Eingangsgespräches mit einer Blutdruckmanschette. Damit der Kunde sowohl Ziel 1 als auch Ziel 2 erreicht bekommt dieser ein auf ihn abgestimmtes Ernährungsprogramm. Durch eine Gewichtsreduktion, diätetische Maßnahmen sowie der körperlichen Aktivität durch das Ausdauertraining kann das Zielausmaß innerhalb 12 Wochen erreicht werden (Vlatsas, 2015, S.23). Da der Kunde in den ersten Wochen nicht einmal das Gesundheits-Minimalprogramm absolvieren wird, wird er durch das Training zunächst keinen nennenswerten Mehrkalorienverbrauch durch das Training erzielen. Da es bei der Gewichtsreduktion ausschließlich um die Kalorienbilanz geht und um dennoch eine Gewichtsreduktion zu erreichen, wird er wie oben gesagt zusätzlich ein Ernährungsprogramm durchführen.

Tab.12: Darstellung des Trainingsziel 3 (eigene Darstellung, 2016)

Trainingsziel 3		
Inhalt	Ausmaß	Zeit
Verbesserung der Watt-Soll-Leistung	Von 1,39 auf 1,70 →Ziel: Normbereich	12 Wochen

Bei dem Ziel 3 handelt sich um ein leistungsbezogenes Trainingsziel. Die Wattleistung im Fahrradergometertest zeigte auf, dass die Leistung im unterdurchschnittlichen Bereich liegt. Am Ende des zweiten Mesozyklus soll sich die Leistung um 0,34 Watt/kg verbessern, sodass der Kunde im Durchschnittsbereich liegt. Nach den angesetzten 12 Wochen wird der Ausdauertest unter gleichen Testbedingungen erneut durchgeführt und das erzielte Ergebnis mit dem vorherigen und der Watt-Soll-Leistung verglichen.

3 Trainingsplanung Mesozyklus

Im folgenden Abschnitt wird der erste Mesozyklus des Kunden A. zunächst tabellarisch dargestellt und im Anschluss jede Angabe kurz erläutert.

3.1 Grobplanung Mesozyklus

Die Tabelle Tab. 13 zeigt den Mesozyklus 1 über eine Dauer von 6 Wochen des Kunden A.

Tab.13: Trainingsplanung Mesozyklus 1(eigene Darstellung, 2016)

Trainingsplanung Mesozyklus 1	
Dauer	6 Wochen
Trainingszielsetzung	- Hinführen zum Minimalprogramm / Beginn mit dem Minimalprogramm - Regelmäßiges Training (Ziel: 3-mal pro Woche) - Aufbau der Grundlagenausdauer (GA1-Training)
Trainingsumfang pro Woche	20 - 120 min
Trainingsmethode(n)	extensive Dauermethode
Trainingsintensität	60-70% Hfmax
Trainingshäufigkeit pro Woche	1-3-mal
Trainingsdauer pro Trainingseinheit	20-40 min
Trainingsgeräte / Bewegungsformen	Fahrrad

Begründung der Dauer

Normalerweise erstreckt sich ein Mesozyklus im Ausdauersport über drei bis vier Wochen (Hottenrott, 1997; Neumann, Pfützner, Berbalk, 2007, S.190). Der erste Mesozyklus in dem Fall ist über eine Dauer von 6 Wochen geplant, um den Kunden genug Zeit zu geben, sich an das Training zu gewöhnen.

Begründung der Trainingszielsetzung

Im Mesozyklus 1 wurden verschiedene Zielsetzungen formuliert. Zunächst soll der Kunde an das Gesundheits-Minimalprogramm herangeführt werden. Das Minimalprogramm macht erst einmal Sinn, da Herr A. als untrainiert und leistungsschwach eingestuft wurde und er sich durch diese Einführung in das Training an die Belastung gewöhnen kann. Ziel ist es, dass er regelmäßig dreimal in der Woche sein Training absolviert.

11

Außerdem soll im weiteren Verlauf eine Grundlagenausdauer als Grundgerüst für das weiterfolgende Training aufgebaut werden.

Begründung des Belastungsgefüges

Der Kunde A. startet in der ersten Woche mit einem Trainingsumfang von 20 Minuten in einer Trainingseinheit. Zunächst wird die Trainingshäufigkeit in der Woche bis auf drei Einheiten erhöht. Im nächsten Schritt wird dann die Dauer jeder Einheit erhöht, sodass der Kunde ab Woche fünf drei Einheiten pro Woche à 30 Minuten absolviert. Der Kunde hat also einen Trainingsumfang von höchstens 90 Minuten in der Woche. Die Trainingsintensität bleibt über die sechs Wochen im submaximalen Bereich zwischen 60-65% seiner maximalen Herzfrequenz. Der Kunde trainiert innerhalb des Mesozyklus nach der extensiven Dauermethode. Diese Belastungsgestaltung wurde so gewählt, da es sich bei Herrn A. um einen leistungsschwachen Kunden handelt, welcher sich schrittweise an die Belastung und an das Training an sich gewöhnen soll. In Kapitel 3.2 wird noch näher auf den Mesozyklus eingegangen.

Begründung des/der Trainingsgerät(e)

Der Kunde wird sein Ausdauerprogramm zunächst auf dem Fahrrad absolvieren. Dieses ist besonders für Beginner geeignet, da der Bewegungsablauf einfach ist und die koordinativen Anforderungen gering sind. Gerade bei dem Kunden A. macht das Fahrrad Sinn, da er gelegentlich in seiner Freizeit Fahrradtouren absolviert. Zwar wird der Blutdruck auf dem Fahrrad höher belastet als bei anderen Ergometern, doch bei der zunächst geringeren Trainingsintensität des Kunden hat dies keine negativen Auswirkungen auf dem Blutdruck.

3.2 Detailplanung und Begründung Mesozyklus

Im folgenden Abschnitt wird der zuvor grob dargestellte Mesozyklus genauer betrachtet und zugleich erläutert.

Tab.14: Detailplanung Mesozyklus 1 – Woche 1 & 2 (eigene Darstellung, 2016)

Detailplanung Mesozyklus 1 – Woche 1 & 2							
Woche 1	Mo	Mi	Fr	Woche 2	Mo	Mi	Fr
Tr.-Ziel	- Hinführung zum Minimalprogramm - Hinführung zum Aufbautraining GA 1	-	-	Tr.-Ziel	- Hinführung zum Minimalprogramm - Hinführung zum Aufbautraining GA 1	- Hinführung zum Minimalprogramm - Hinführung zum Aufbautraining GA 1	-
Tr.-Methode	Ext. DM	-	-	Tr.-Methode	Ext. DM	Ext. DM	-
Tr.-Intensität	60-65% HfMax.	-	-	Tr.-Intensität	60-65% HfMax	60-65% HfMax	-
Tr.-Hf (	108-117 S/min	-	-	Tr.-Hf	108-117 S/min	108-117 S/min	-
Tr.-Dauer	20 min	-	-	Tr.-Dauer	20 min	20 min	-
Tr.-Gerät	Fahrradergometer	-	-	Tr.-Gerät	Fahrradergometer	Fahrradergometer	-

Tab.15: Detailplanung Mesozyklus 1 – Woche 3 & 4 (eigene Darstellung, 2016)

Detailplanung Mesozyklus 1 – Woche 3 & 4							
Woche 3	Mo	Mi	Fr	Woche 4	Mo	Mi	Fr
Tr.-Ziel	- Absolvieren des Minimalprogrammes - Hinführung zum Aufbautraining GA 1	- Absolvieren des Minimalprogrammes - Hinführung zum Aufbautraining GA 1	- Absolvieren des Minimalprogrammes - Hinführung zum Aufbautraining GA 1	Tr.-Ziel	- Hinführung zum Aufbautraining GA 1	- Hinführung zum Aufbautraining GA 1	- Hinführung zum Aufbautraining GA 1
Tr.-Me-	Ext. DM	Ext. DM	Ext. DM	Tr.-Me-	Ext. DM	Ext. DM	Ext. DM

13

tho-de				tho-de			
Tr.-Intensität	60-65% HfMax	60-65% HfMax	60-65% HfMax	Tr.-Intensität	60-65% HfMax	60-65% HfMax	60-65% HfMax
Tr.-Hf	108-117 S/min	108-117 S/min	108-117 S/min	Tr.-Hf	108-117 S/min	108-117 S/min	108-117 S/min
Tr.-Dauer	20 min	20 min	20 min.	Tr.-Dauer	25 min	25 min	25 min
Tr.-Gerät	Fahrrader-gometer	Fahrrader-gometer	Fahrrader-gometer	Tr.-Gerät	Fahrrad-ergometer	Fahrrad-ergometer	Fahrrad-ergometer

Tab.16: Detailplanung Mesozyklus 1 – Woche 5 & 6 (eigene Darstellung, 2016)

Detailplanung Mesozyklus 1 – Woche 5 & 6							
Woche 5	Mo	Mi	Fr	Woche 6	Mo	Mi	Fr
Tr.-Ziel	- Entwicklung GA 1	- Entwicklung GA 1	- Entwicklung GA 1	Tr.-Ziel	- Entwicklung GA 1	- Entwicklung GA 1	- Entwicklung GA 1
Tr.-Methode	Ext. DM	Ext. DM	Ext. DM	Tr.-Methode	Ext. DM	Ext. DM	Ext. DM
Tr.-Intensität	60-65% HfMax	60-65% HfMax	60-65% HfMax	Tr.-Intensität	60-65% HfMax	60-65% HfMax	60-65% HfMax
Tr.-Hf	108-117 S/min	108-117 S/min	108-117 S/min	Tr.-Hf	108-117 S/min	108-117 S/min	108-117 S/min
Tr.-Dauer	30 min	30 min	30 min.	Tr.-Dauer	40 min	40 min	40 min
Tr.-Gerät	Fahrrader-gometer	Fahrrader-gometer	Fahrrader-gometer	Tr.-Gerät	Fahrrader-gometer	Fahrrader-gometer	Fahrrader-gometer

3.3 Begründung Mesozyklus

Begründung des Belastungsumfangs

Der Belastungsumfang startet mit einer Einheit in der Woche und einer Dauer von 20 Minuten. In Woche 2 folgt dann eine weitere Einheit. Der Belastungsumfang liegt nun bei 40 Minuten aufgeteilt auf zwei Trainingstage. In Woche drei absolviert der Kunde dann bereits 3 Einheiten und hat eine Bruttobelastung von 60 Minuten in der Woche. Demnach kann der Kunde nun das Gesundheits-Minimalprogramm durchführen (Zintl & Eisenhut, 2009, S.137). Die drei Trainingseinheiten werden nun nicht mehr innerhalb des Mesozyklus gesteigert, sondern die Trainingsdauer pro Einheit. In Woche fünf beträgt jede Trainingseinheit 30 Minuten. Der Kunde befindet sich mit den 30 Minuten Training am Stück nun im Aufbau der Grundlagenausdauer (Hottenrott, 2006, S.64ff.). In der letzten Woche des Mesozyklus beträgt der wöchentliche Gesamtumfang schließlich 120 Minuten, aufgeteilt auf drei Trainingseinheiten á 40 Minuten. Durch diese Vorgehensweise wird der Kunde langsam an die Belastung gewöhnt. Da dieser zuvor wenig Sport betrieben hat und als untrainiert eingestuft wurde, ist es wichtig ihn langsam an das Training zu gewöhnen.

Begründung der Trainingsmethode

Da Der Kunde zu den Beginner zählt, trainiert dieser nach der extensiven Dauermethode. Diese Methode ist besonders für leistungsschwächere Personen geeignet (Hottenrott, 2006, S.64ff.). Die Intensität bleibt also im gesamten Training konstant. Trainingsauswirkungen sind u.a. die Ökonomisierung der Herz-Kreislauf-Arbeit, Verbesserung der peripheren Durchblutung sowie eine verbesserte Fettverbrennung, was für den Kunden A. wegen seiner biometrischen Daten besonders wichtig ist (Zintl & Eisenhut, 2009, S. 119).

Begründung der Belastungsprogression

Innerhalb des ersten Mesozyklus wird die progressive Belastungssteigerung zunächst nur über die Häufigkeit und den Umgang erreicht. Erst wenn der Kunde in der Lage dazu ist, drei Trainingseinheiten in der Woche mit einem Umfang von 45 Minuten durchführen zu können, sollte man die Intensität schrittweise erhöhen, damit dieser sich nicht überfordert fühlt.

Begründung des angesteuerten Trainingsbereichs

Zunächst ist das Ziel, dass der Kunde das Gesundheits-Minimalprinzip durchführen kann, um sich an das Training zu gewöhnen. Ist er in der Lage 30 Minuten am Stück sein Training durchzuführen, so geht es in den Aufbau der Grundlagenausdauer 1. Die

GA1 dient als Fundament für das weitere Training und ist somit für den Kunden besonders wichtig.

Begründung der Trainingsintensität

Um einen trainingswirksamen Reiz zu erzielen, sollte die Intensität bei mindestens 60% der maximalen Herzfreqzenz liegen. Bei Untrainierten sollte diese zwischen 60-70% liegen (ACSM, 2006a, S.141). Aus diesem Grund beginnt der Kunde A. mit einer Intensität von 60-65% und damit im aeroben Bereich. Die konkrete Trainingsherzfrequenz wird anhand der ACSM-Formel ermittelt (ACSM, 2006b, S.341):

Trainingsherzfrequenz = HfMax x Intensität in %

Für die maximale Herzfrequenz wird die nachfolgende Formel verwendet:

HfMax = 220 – Lebensalter

Bei Herr A. beträgt die HfMax demnach 180 S/min. Seine Pulsuntergrenze liegt somit bei 108 S/min und seine Pulsobergrenze bei 117 S/min. Diese Trainingsherzfrequenz zieht sich über den gesamten Mesozyklus

Begründung der ausgewählten Ausdauergeräte bzw. Bewegungsformen

Da der Kunde Beginner ist, wird er sein Training lediglich auf dem Fahrradergometer absolvieren (vgl. Kapitel 3.1) Im nächsten Mesozyklus sollte dann ein zusätzliches Ausdauergerät eingeführt werden, damit der Kunde motiviert bleibt und sein Training abwechslungsreicher gestaltet wird.

4 Literaturrecherche

In den untenstehenden Tabellen Tab. 17 und Tab. 18 sind zwei Studien dargestellt, welche innerhalb von Dissertationen durchgeführt und veröffentlich wurden. Die Studien behandeln die Themenkomplexe verschiedener Trainingsmethoden und deren Auswirkungen auf die arterielle Hypertonie. In den Darstellungen der Versuche beziehe ich mich lediglich auf die Auswirkung des Ausdauertrainings auf die arterielle Hypertonie.

Tab.17: Effekte des Ausdauertrainings bei arterieller Hypertonie – Literaturrecherche I (eigene Darstellung, 2016)

Effekte des Ausdauertrainings bei arterieller Hypertonie – Literaturrecherche I	
Titel der Studie	Auswirkungen von Ausdauer- vs. Krafttraining vs. der Kombination Ausdauer-/Krafttraining auf die systemische Hämodynamik, Gefäßelastizität sowie Herzfrequenzvariabilität bei Patienten mit arterieller Hypertonie
Autoren	Anna Lena Bickenbach
Jahr	Die Studie wurde im Jahr 2011 publiziert.
Versuchspersonen	An der Studie insgesamt nahmen 42 männliche und 13 weibliche Probanden teil (Bickenbach, 2011, S.22). Relevant für die Literaturrecherche sind in diesem Fall jedoch nur die Probanden, welche das Ausdauertraining durchgeführt haben und die Kontrollgruppe. Welche Probanden zu der jeweiligen Gruppe gehören wurde per Zufallsverfahren eingeteilt. Die Ausdauergruppe umfasste insgesamt 13 Personen, darunter 9 Männer und 4 Frauen. Die Kontrollgruppe bestand ebenfalls aus 13 Personen,10 männlich, 3 weiblich (Bickenbach, 2011, S.23-24). Kriterium um am der Studie teilnehmen zu können war die arterielle Hypertonie Grad I, was zuvor durch eine 24h-Blutdruckmessung festgestellt wurde. Ausschlusskriterien der Studie waren die Einnahme blutdrucksenkender Medikation 12 Wochen vor dem Studienbeginn, ein regelmäßig durchgeführtes Sportprogramm innerhalb der letzten 3 Monate oder ein Herzinfarkt innerhalb derselben Zeit, Patienten mit mittelschwerer bis schwerer Hypertonie, sekundärer Hypertonie, KHK, Herzinsuffizienz, Herzvitien oder schwereren Erregungsbildungs- und/oder Erregungsleitungsstörungen am Herzen (Bickenbach, 2011, S.22-23).
Versuchsaufbau	Zu Beginn der Studie wurde der Gesundheitsstatus der Probanden mithilfe eines Fragebogens ermittelt. Außerdem wurden die Teilnehmer vor dem Studienbeginn ärztlich untersucht. Diese Untersuchungen umfassten die Leistungsdiagnostik, die Bestimmung von Laborparametern und hämodynamischen Parameter, u.a. dem arteriellen Blutdruckverhalten. Es wurde eine 24h-Messung durchgeführt (Bickenbach, 2011, S.27-28). Diese 24h wurden außerdem noch einmal aufgeteilt in einen Tagintervall (von 06:00-22:00 Uhr) und einem Nachtintervall (von 22:00 – 06:00 Uhr) (Bickenbach, 2011, S.50-51). Nach der Untersuchung führte die Ausdauergruppe ihr Training über

12 Wochen durch. In der Woche absolvierten die Probanden 3 Trainingseinheiten.Jede Einheit fand auf dem Fahrradergometer statt und begann mit einem 5-minütigem Warm-Up bei einer Intensität von 40% ihrer Hf-Reserve. In Woche 1 und 2 wurde das Training jeweils 20 Minuten mit einer Intensität von 50% der Hf-Reserve durchgeführt. Alle 2 Wochen wurde die Intensität um 5% und alle 4 Wochen die Dauer um 5 Minuten gesteigert, sodass die letzten beiden Wochen das Training über 30 Minuten bei einer Intensiät von 75% der Hf-Reserve durchgeführt wurde. Jede Trainingsintensität wurde zuvor mit der Karvonen-Formel ermittelt und die entsprechende Herzfrequenz mithilfe eines Herzfrequenzmessgerätes von der Marke Polar gemessen. Die Kontrollgruppe durfte innerhalb der Studiendauer kein systematisches Sportprogramm durchführen. Während der 12 Wochen sollten die Probanden der Gruppen ihre Ess, -Rauch- und Trinkgewohnheiten wie gehabt weiterführen (Bickenbach, 2011, S.24-26).

Nach der Studie unterzogen sich die Teilnehmer erneut derselben ärztlichen Untersuchung wie vor dem Studienbeginn. Diese fand zur gleichen Zeit und in der gleichen Reihenfolge wie zuvor statt, um Tagesschwankungen ausschließen zu können (Bickenbach, 2011, S.23).

Ergebnisse / Schlussfolgerungen	In der Ausdauertrainingsgruppe hat sich der systolische Blutdruck nach der Studie bei der 24h Langzeitmessung um 3,30mmHg auf 137,0 ± 8,80mmHg und der diastolische Blutdruck um 3,10mmHG auf 83,10 ± 7,70mmHg reduziert. Bei der Kontrollgruppe gab es einen nicht signifikanten Anstieg um 1,10mmHg des systolischen Blutdrucks und eine Reduzierung von 0,80mmHG des diastolischen Blutdrucks.Betrachtet man das Tagesintervall, so ist eine Veränderung des systolischen Blutdrucks von 144,20 ± 6,80mmHg auf 139,70 ± 9,20 mmHg (-4,50 mmHg) und des diastolischen Blutdrucks von -4,00 mmHg auf 85,30 ± 8,30 mmHg der Ausdauergruppe zu sehen. In der Kontrollgruppe hingegen steigt der systolische Blutdruck um 0,60mmHg auf 141,40 ± 6,60 mmHg und der diastolische Blutdruck verringert sich von 90,30 ±7,20 mmHg auf 89,10 ± 5,50 mmHg. Bei der Analyse des Nachtintervalls zeigen sich keine Veränderungen des systolischen Blutdruckes in der Ausdauergruppe auf. Bei der Kontrollgruppe ist ein Anstieg von 2,60mmHg auf 124,40 ± 6,00mmHg zu vermerken. Bei dem diastolischen Blutdruck

Effekte des Ausdauertrainings bei arterieller Hypertonie – Literaturrecherche I	
	hingegen fiel der Wert von 75,60 ± 8,90 auf 74,90 ± 7,40 mmHg. Mithilfe eines Ausdauertrainings konnte der Studie zufolge der systolische Blutdruck signifikant gesenkt werden (Bickenbach, 2011, S.49-52). Diese Senkung wurde erzielt, ohne dabei die Lebensgewohnheiten der Probanden zu verändern (Bickenbach, 2011, S.24). Das zeigt auf, dass die u.a. körperliche Aktivität und der Ausdauersport mit moderaten Intensitäten eine wichtige Rolle als Behandlungsmöglichkeit bei Bluthochdruckpatienten (Grad I) spielen.

Tab.18: Effekte des Ausdauertrainings bei arterieller Hypertonie – Literaturrecherche II (eigene Darstellung, 2016)

Effekte des Ausdauertrainings bei arterieller Hypertonie – Literaturrecherche II	
Titel der Studie	Kardiovaskuläre Effekte eines aeroben versus eines isometrischen Trainings bei arterieller Hypertonie
Autoren	Stergios Vlatsas
Jahr	Die Studie wurde im Jahr 2015 veröffentlicht.
Versuchspersonen	Insgesamt nahmen 70 Probanden (29 Männer, 41 Frauen) an der Studie teil. In diesem Fall der Literaturrecherche sind die Teilnehmer der aeroben Trainingsgruppe entscheidend. Der Gruppe des aeroben Trainings wurden 22 Probanden zugeteilt, darunter 11 Frauen und 11 Männer im Alter von 60,7±10,3 Jahren (S.41). Kriterium, um an der Studie teilnehmen zu können war eine arterielle Hypertonie mit medikamentöser Therapie oder einem Blutdruck von ≥ 140/90mmHg ohne Einnahme von Medikation. Nicht teilnehmen duften Patienten mit einer peripheren Verschlusskrankheit (> Stadium 1), mit einem Aortenvitium (> 1. Grades), mit einer schwereren Herzinsuffizienz, mit unkontrollierten Herzrhythmusstörungen sowie Personen mit einem systolischen Ruheblutdruck ≥ 180mmHg bzw. diastolisch ≥ 110mmHg. Voraussetzung außerdem war keine sportliche Aktivität sowie keine Teilnahme an anderen klinischen Studien (Vlatsas, 2015, S.31-33).
Versuchsaufbau	Bevor die Studie an sich startete wurde eine 24h Blutdruckmessung, eine Pulswellenanalyse und weitere applanationstonometrischen Untersuchungen durchgeführt. Die Blutdruckmessung wurde einmal als Langzeitmessung, als Tagesintervall und als Nachtintervall betrachtet (Vlatsas, 2015, S.33, S. 41-42).

19

	Zum Studienbeginn wurden die Probanden zunächst per Zufallsverfahren in Gruppen eingeteilt. Die Probanden absolvierten ein 12-wöchiges aerobes Training. Eine Einheit lag zwischen 30-45 Minuten und wurde 5 Mal in der Woche absolviert. Dabei konnten die Probanden selbst entscheiden, ob sie Joggen, Walken, Radfahren oder Schwimmen (Vlatsas, 2015, S.32). Das Training fand ohne Kontrolle und Aufsicht statt (Vlatsas, 2015, S.47). Die medikamentöse Therapie blieb innerhalb der Studiendauer unverändert (Vlatsas, 2015, S.32). Vier Probanden der Gruppe des aeroben Trainings haben die Studie vor Abschluss abbrechen müssen, was in der Auswertung berücksichtigt wurde (Vlatsas, 2015, S.40). Nach den 12 Trainingswochen wurden die gleichen Untersuchungen wie zu Beginn der Studie durchgeführt.
Ergebnisse / Schlussfolgerungen	Die Gruppe, welche ein aerobes Training durchgeführt hat, konnte in der 24h-Blutdruckmessung den systolischen Blutdruck von 129,1±10,4mmHg auf 122,7±11,7 und den diastolischen Blutdruck von 79,5 ± 8,9mmHg auf 76,7 ± 10,9mmHg senken. Betrachtet man nur das Tagesintervall so konnte der systolische Blutdruck von 133,8 ± 10,8mmHg auf 126,6 ± 11,2mmHG und der diastolische Blutdruck von 83,4 ± 9,2mmHg gesenkt werden. Im Nachtintervall hat sich bei den Probanden lediglich der systolische Blutdruck von 120,8 ± 11,6mmHG auf 114,7 ± 13,7mmHg reduziert. Die Studie zeigt auf, dass ein aerobes Training Einfluss auf den Blutdruck hat. Besonders innerhalb der 24h-Messimd konnten sowohl systolisch als auch diastolisch signifikante Veränderungen aufgezeigt werden (Vlatsas, 2015, S.42-44). Demnach wird der Blutdruck durch aerobe Körperliche Aktivität positiv beeinflusst (Vlatsas, 2015, S.49).

5 Literaturverzeichnis

American College of Sports Medicine (ACSM). (2006a). *ACSM's Guidelines for Exercise Testing and Prescription* (7. ed.). Philadelphia: Lippincott Williams Wilkins.

American College of Sports Medicine (ACSM). (2006b). *Resource Manual for Guidelines for Exercise Testing and Prescription* (5. ed.). Philadelphia: Lippincott Williams Wilkins.

Ärzte Zeitung. (2005). *Sport für Hypertonika – Ja, aber die Tücke liegt im Detail.* Artikel aus der Ärzte Zeitung vom 26.05.2005.

Bickenbach, A. (2011). *Auswirkungen von Ausdauer- vs. Krafttraining vs. der Kombination Ausdauer-/Krafttraining auf die systemische Hämodynamik, Gefäßelastizität sowie Herzfrequenzvariabilität bei Patienten mit arterieller Hypertonie.* Dissertation, Deutsche Spothochschule Köln. Köln

Hoffmann, G. (2001). Hypertonie und Sport [Abstractband]. *Deutsche Zeitschrift für Sportmedizin, 52* (7-8), 20.

Hottenrott, K. (1997). *Ausdauertraining: intelligent, effektiv, erfolgreich.* (4.Aufl.). Lüneburg: Wehdemeier & Pünsch.

Hottenrott, K. (2006). *Trainingskontrolle mit Herzfrequenz-Messgeräten.* Aachen: Meyer & Meyer.

Institut für Prävention und Nachsorge (IPN). (2004). *IPN-Test® - Ausdauertest für den Fitness- und Gesundheitssport.* Köln: Institut für Prävention und Nachsorge.

Neumann, G., Pfützner, A. & Berbalk, a. (2007). *Optimiertes Ausdauertraining* (5. Überarb. Aufl.). Aachen: Meyer & Meyer.

Trunz, E. (2001). IPN-Test® - Ausdauertest für den Fitness- und Gesundheitssport. Köln, Institut für Prävention und Nachsorge.

Vlatsas, Stergios. (2015). *Kardiovaskuläre Effekte eines aeroben versus eines isometrischen Trainings bei arterieller Hypertonie.* Dissertation, Medizinische Fakultät Charité-Universitätsmedizin Berlin. Berlin.

World Health Organization: FAO/WHO/UNO. (2000). *Obsesity: Preventing and managing the global epidemic.* Geneva: Technical Report Series 894.

Zintl, F. & Eisenhut, A. (2009). *Ausdauertraining. Grundlagen – Methoden – Trainingssteuerung* (7. Überarb. Aufl.). München: BLV Sportwissen.

6 Tabellenverzeichnis

BEI GRIN MACHT SICH IHR WISSEN BEZAHLT